Muttersprache plus

5/6 Leseheft
Fabeln

Erarbeitet von
Merve Klapper, Sabine Mähring und
Maren Spieker

Illustriert von Uta Bettzieche

Cornelsen

Textquellenverzeichnis

S. 8 Äsop: Der Wolf und das Schaf. Übers. v. Pedro Zimmermann. Aus: Das Hausbuch der fabelhaften Fabeln. Verlag Haffmanns, Frankfurt a. M. 1989. **S. 11** Äsop: Die Fledermaus. Bearb. v. Guido Adam. Aus: www.hekaya.de [Abruf 4.11.2020]. **S. 13** Äsop: Der Hase und die Schildkröte. Aus: Fabeln des Äsop. Übers. v. Rudolf Hagelstange. Ravensburger Buchverlag, Ravensburg 1966. **S. 16** Äsop: Drei Stiere und der Löwe. Bearb. v. Guido Adam. Aus: www. hekaya.de [Abruf 4.11.2020). **S. 17** Äsop: Der törichte Bock. Aus: Aesopische Fabeln. Übers. v. August Hausrath. Verlag Ernst Heimeran, Schwabing o. J. **S. 19** Äsop: Der Fuchs und der Esel. Aus: Fabeln des Äsop. Übers. v. Rudolf Hagelstange. Ravensburger Buchverlag, Ravensburg 1966. **S. 20 f.** Äsop: Die beiden Frösche. Aus: Mit Märchen, Sagen und Fabeln lesen lernen. Übers. v. Rüdiger Kohl. Kohl Verlag, Kerpen 2005. **S. 23** Hans Sachs: Der Fuchs und die Katze. Nacherzählt v. Florian Russi. Aus: www.deutschland-lese.de, Bertuch Verlag, Weimar [Abruf 4.11.2020]. **S. 26** Jean de La Fontaine: Der Fuchs und der Storch. Übers. v. Ernst Dohm. Aus: Sämtliche Fabeln. Artemis Verlag, München 1998. **S. 27 f.** J. de La Fontaine: Der Fuchs und der Hahn. Ebenda. **S. 29** J. de La Fontaine: Die Hündin und ihre Freundin. Nacherzählt v. Florian Russi. Aus: www.deutschland-lese.de, Bertuch Verlag, Weimar [Abruf 4.11.2020]. **S. 31** J. de La Fontaine: Der irdene und der eiserne Topf. Ebenda. **S. 33** Gotthold Ephraim Lessing: Der Hamster und die Ameise. Bearb. v. Guido Adam. Aus: www.hekaya.de [Abruf 4.11.2020]. **S. 34** G. E. Lessing: Die junge Schwalbe. Ebenda. **S. 35** G. E. Lessing: Der junge und der alte Hirsch. Ebenda. **S. 36** Wilhelm Busch: Der Fuchs und der Igel. Aus: Ders.: Sämtliche Werke in zwei Bänden. C. Bertelsmann Verlag, München 1982. **S. 37 f.** W. Busch: Die Teilung. Ebenda. **S. 39** W. Busch: Fink und Frosch. Ebenda. **S. 40** Marie von Ebner-Eschenbach: Das Blatt. Aus: Fabeln aus drei Jahrtausenden. Manesse-Verlag, Zürich 1985. **S. 42** Friedrich Wolf: Die Befreiten. Aus: Fabeln, Parabeln und Gleichnisse. dtv, München 1970. **S. 45** Max Bolliger: Der Igel und der Maulwurf. Aus: Die schönsten Fabeln aus aller Welt. Esslinger Verlag, Esslingen 2013. **S. 46** Wolfdietrich Schnurre: Politik. Aus: Ders: Dreimal zur Welt gekommen. Ausgew. Erzählungen. Paranus, Neumünster 2008.

Redaktion: Annika Wiedemann, Leipzig
Illustrationen: Uta Bettzieche, Leipzig
Umschlaggestaltung: werkstatt für gebrauchsgrafik, Berlin
Umschlagillustration: Dorina Tessmann, Berlin
Layoutentwicklung: werkstatt für gebrauchsgrafik, Berlin
Technische Umsetzung: L101 Mediengestaltung, Fürstenwalde

www.cornelsen.de

1. Auflage, 1. Druck 2021

© 2021 Cornelsen Verlag GmbH, Berlin

Druck: AZ Druck und Datentechnik GmbH, Kempten

ISBN 978-3-06-063337-1

Inhaltsverzeichnis

Das sind Fabeln!

Ist das nicht fabelhaft? Fabelhaft bedeutet beachtenswert, und eine Fabel ist tatsächlich mehr als eine unterhaltsame kleine Tiergeschichte; sie will den Leserinnen und Lesern eine Erkenntnis oder Lehre mit auf den Weg geben.

Ort und Zeit spielen in Fabeln keine Rolle, ihre Aussage soll allgemeingültig sein.

Der Aufbau sieht meist so aus: Es beginnt mit einer Situationsbeschreibung. Dann folgt ein Dialog zwischen zwei Tieren mit gegensätzlichen Eigenschaften, am Ende steht die Lehre oder Moral der Fabel.

Die Fabel gab es schon vor über 3000 Jahren, um die eigene Meinung, hinter einer Tiermaske versteckt, ungestraft sagen zu dürfen. Heute und hier darf jede und jeder sagen, was sie oder er denkt, aber das war nicht immer so. Die Herrschenden wollten keine Kritik und keinen Widerspruch hören.

Martin Luther sagte vor 500 Jahren: „Niemand will die Wahrheit hören, so wollen wir sie schmücken unter einer lustigen Lügenfarbe und in liebliche Fabeln kleiden."

Auch heute noch werden Fabeln geschrieben.

Wir alle sollen etwas „mitnehmen" aus diesen Tiergeschichten. Übrigens kommen in manchen Fabeln auch Menschen oder Dinge vor, aber meist lassen die Verfasser einer Fabel Tiere sprechen und diese Tiere werden mit menschlichen Eigenschaften verknüpft:

So ist der Fuchs meist schlau, die Ziege dumm, der Löwe stark. Wer ist hilfsbereit, wer ist ängstlich? Wer ist schadenfroh und wer ist faul?

Das erfährst du auf den folgenden Seiten. Viel Spaß dabei!

Äsop

Der Wolf und das Schaf

Ein von Hunden gebissener Wolf lag in einem jämmerlichen Zustand da und hatte nichts zu essen und zu trinken. Da erblickte er ein Schaf und bat es, ihm aus dem nahen Fluss etwas Wasser zu holen. „Wenn du mir nur zu trinken bringst", sagte er, „das Essen will ich mir schon selbst beschaffen." Da sagte das Schaf: „Wenn ich dir den Trank reiche, wirst du mich als Speise nehmen." Vorsicht vor den Hinterlistigen, die mit Heuchelei[1] zum Ziel kommen wollen.

1 Der Aufbau einer typischen Fabel ist hier gut zu erkennen: Situationsbeschreibung – Dialog – Lehre.

a In welcher Situation befinden sich Wolf und Schaf?

Der Wolf _____

Das Schaf _____

b Was sagen die beiden?

Wolf: „_____."

Schaf: „_____."

c Gib die Lehre aus dem Text wortgenau wieder:

„Vorsicht vor _____

_____

_____

_____."

2 In der Fabel vom Wolf und dem Schaf findest du das Wort die „Hinterlistigen".

a Nenne das Adjektiv zu dem Nomen die „Hinterlistigen".

_____

b Wie bezeichnest du eine Person, die mit Heuchelei ans Ziel kommen will?

_____

c Formuliere die Lehre der Fabel mit deinen eigenen Worten.

_____

_____

3 Wir halten Schafe gerne für dumm. Dieses Schaf aber hat gleich erkannt, was der Wolf vorhat. Ergänze.

Der Wolf möchte _____

_____

_____

4 Ergänze den folgenden Satz.

Dieser Text ist eine Fabel, weil _____

_____

_____

_____

[1] _Heuchelei:_ Vortäuschung, Falschheit

Äsop

Die großen und die kleinen Fische

In einem Meer jagte ein Schwarm von großen Fischen hinter
einem Schwarm von kleinen Fischen her. Die großen Fische
machten den kleineren Angst und verspotteten sie zudem: „Was
für ängstliche Winzlinge ihr seid. Schaut uns an, wir sind groß,
5 stark und schnell. Niemand kann uns etwas anhaben!" Und die
Jagd ging weiter.
Doch plötzlich hing ein großes Netz mitten im Meer. Fischer
hatten es ausgeworfen, um reiche Beute zu machen. Als sie
bemerkten, dass Fische sich im Netz verfangen hatten, zogen sie
10 es zusammen, so dass die Maschen des Netzes immer enger
wurden. Die kleinen Fische konnten durch die Maschen schlüpfen
und entkommen, die großen Fische aber, die eben noch so stolz
und überheblich gewesen waren, wurden zusammengedrängt
und aus dem Meer gezogen.
15 Die kleinen Fische konnten von unten zusehen, was mit den
großen Fischen geschah, und sie dachten bei sich: „Vielleicht ist
es doch nicht so schlecht, ein kleiner Fisch zu sein."

1 Die großen Fische verspotten anfangs die kleinen Fische. Als was
könnte man sie also bezeichnen?

_____

2 Kennst du das Sprichwort: „Wer zuletzt lacht, lacht am besten"?
Es passt zu dieser Fabel, weil

_____

3 Finde zu den Adjektiven das jeweilige Gegenteil.

groß – _____   dumm – _____

schnell – _____   stark – _____

1 Lies die folgende Fabel.

Äsop

Die Fledermaus

Eine Fledermaus fiel ins Gras. Sofort stürzte ein Wiesel herbei und
drohte, die Fledermaus zu verspeisen. Die Fledermaus piepste in
Todesangst: „Was tust du nur? Lass mich doch am Leben!"
Das Wiesel fauchte: „Ich kann nicht, denn ich hasse dich, weil ich
5 alle Vögel hasse." Die Fledermaus überlegte kurz und rief: „Aber
ich bin doch gar kein Vogel. Und ich kann die Vögel auch nicht
leiden. Ich bin doch eine Maus!" Da ließ das Wiesel die
Fledermaus am Leben.
Kurze Zeit später stürzte die tollpatschige Fledermaus wieder ins
10 Gras. Und wieder war ein Wiesel schon dabei, ihr den Hals
durchzubeißen. Das Wiesel knurrte: „Ich werde dich
augenblicklich fressen, denn ich hasse alle Mäuse, also auch
dich!" Da beteuerte die Fledermaus schnell: „Schau her, ich bin
doch gar keine Maus und ich kann die Mäuse überhaupt nicht
15 leiden. Ich habe doch Flügel wie ein Vogel!" Da antwortete das
Wiesel: „Was du nicht sagst, da muss ich mich wohl
entschuldigen!"
So kam die Fledermaus auch dieses Mal mit dem Leben davon.

2 Beschreibe das Aussehen einer Fledermaus.

_____

_____

_____

_____

_____

_____

3 Das Wiesel hasst Vögel. Deshalb sagt die Fledermaus:

„_____

_____

4 Das zweite Wiesel hasst Mäuse. Deshalb sagt die Fledermaus beim zweiten Mal:

„_____

_____

5 Die Fledermaus scheint eine schlechte Fliegerin zu sein, aber um Ausreden ist sie nicht verlegen. Stell dir vor, sie stürzt ein drittes Mal ab und ein Wiesel will sie fressen. Was könnte sie jetzt noch sagen, um ihr Leben zu retten?

_____

_____

_____

Äsop

Der Hase und die Schildkröte

Der Hase machte sich über die plumpen[1] Füße und kurzen Beine
der Schildkröte lustig. Auch verhöhnte er die Schildkröte wegen
ihrer Trägheit[2]. Die Schildkröte aber sagte mit Bedacht[3]: „Auch
wenn du mit deinen langen Beinen noch so schnell bist, ich werde
5 dich doch besiegen."
„Schildkröte, das sagst du nur so", erwiderte der Hase mit einem
spöttischen und überlegenen Lächeln, „komm, kämpfe, und du
wirst schon sehen."
So wurde die Strecke für den Lauf in gerader Richtung festgelegt.
10 Da begann die Schildkröte sogleich voll Sorge mit ihrem Marsch,
denn sie war sich ihrer Schwerfälligkeit bewusst. Der Hase jedoch,
im Vertrauen auf seine Füße, legte sich schlafen, und als er zu
dem festgesetzten Ziel kam, sah er, dass die langsame Schildkröte
gesiegt hatte.

1 Was erfährst du über die Eigenschaften der Tiere?

a Markiere die Textstellen rot, die etwas über die Eigenschaften des
Hasen aussagen.

b Markiere die Textstellen grün, die etwas über die Eigenschaften
der Schildkröte aussagen.

[1] *plump:* schwerfällig, ungeschickt
[2] *Trägheit:* langsam, faul, sich nicht gern bewegend
[3] *Bedacht:* Überlegung, Ruhe

2 Beschreibe mit eigenen Worten den Hasen und die Schildkröte.

Der Hase wird als ein Tier beschrieben, das _____

_____

Die Schildkröte wird als ein Tier beschrieben, das _____

_____

3 Erkläre mit wenigen Sätzen, warum die Schildkröte den Hasen besiegt. Du kannst folgende Textbausteine nutzen:

> obwohl die Schildkröte   gewinnt sie, weil sie

> weil der Hase aber   deshalb verliert er

_____

_____

nach den Brüdern Grimm

Der Wettlauf zwischen dem Hasen und dem Igel

An einem Sonntagmorgen im Herbst ging der Igel über ein Feld spazieren. Da begegnete ihm ein Hase. Der Igel grüßte den Hasen freundlich. Dieser grüßte nicht zurück, denn er war ein eingebildeter Kerl. Er fragte nur: „Wie kommt es, dass du so früh
5 am Morgen schon im Feld rumläufst?" – „Ich gehe spazieren", antwortete der Igel. Da lachte ihn der Hase aus: „Könntest du mit deinen kurzen Beinchen nichts Besseres tun?"
Darüber ärgerte sich der Igel so sehr, dass er den Hasen zu einem Wettlauf herausforderte. Sie verabredeten, sich in einer halben
10 Stunde am oberen Ende des Feldes wieder zu treffen. Schnell lief der Igel nach Hause und erzählte seiner Frau, wie er den Hasen überlisten könnte. Er schickte seine Frau ans untere Ende des Feldes und sagte ihr, sie solle sich dort verstecken, bis der Hase ankäme.

15 Der Wettlauf begann. Die beiden vereinbarten, zehnmal das Feld auf und ab zu laufen. Der Igel lief gemeinsam mit dem Hasen los, kehrte aber um, sobald der Hase außer Sicht war. Der Hase rannte so schnell er konnte, und als er am unteren Ende des Feldes war, tauchte die Igelfrau auf und rief: „Ich bin schon da!"

20 Das erstaunte den Hasen sehr und er rannte noch schneller den Weg zurück. Aber als er oben am Feld ankam, wartete der Igel schon wieder auf ihn und rief: „Ich bin schon da!"
Dieses Spiel wiederholte sich zehnmal und auf dem letzten Weg brach der Hase vor Erschöpfung tot zusammen.

1 Die Geschichte, wie der Igel den Hasen überlistet, gibt es in verschiedenen Ausführungen. Die beiden könnten einen Wetteinsatz festlegen, den der Gewinner erhält. Hast du eine Idee, um was die beiden wetten könnten?

_____

2 Könntest du dir auch einen anderen Ausgang der Geschichte vorstellen? Schreibe das Ende um.

3 Was unterscheidet das Tun der Schildkröte in der letzten Fabel (Seite 13) vom Handeln des Igels?

_____

_____

4 In beiden Fabeln ist der Hase eingebildet und verlässt sich auf seine Schnelligkeit. Der Verlauf und der Ausgang der Fabeln sind jedoch unterschiedlich. Ist die Lehre der beiden Fabeln trotzdem dieselbe? Begründe dein Ja oder Nein.

_____

_____

Äsop

Drei Stiere und der Löwe

Drei Stiere schlossen miteinander ein Bündnis, jede Gefahr auf
der Weide mit vereinten Kräften abzuwehren. So vereinigt,
trotzten sie sogar dem Löwen, dass dieser sich nicht an sie wagte.
Als diesen eines Tages der Hunger arg[1] plagte, stiftete[2] er
5 Uneinigkeit unter ihnen. Sie trennten sich und nach nicht acht
Tagen hatte er alle drei, jedes einzeln, angegriffen und verzehrt.

1 Erkläre mit eigenen Worten, was man aus dieser Fabel lernen
kann.

_____

_____

_____

_____

2 Überlege, ob du eine Situation aus deinem Schulalltag kennst,
die zu dieser Fabel passt. Beschreibe die Situation mit wenigen
Sätzen.

_____

_____

_____

_____

_____

[1] *arg:* sehr stark
[2] *stiften:* schaffen

1 Lies die folgende Fabel.

Äsop

Der törichte[1] Bock

Ein Fuchs fiel in einen tiefen Brunnen und
wusste nicht, wie er wieder herauskommen sollte. Da kam ein durstiger Ziegenbock zum
Brunnen, sah den Fuchs und fragte ihn, ob das
5 Wasser gut sei. Der aber verhehlte[2] sein
Missgeschick und sagte: „Oh, das Wasser ist
ausgezeichnet, klar und wohlschmeckend, komm
nur auch herunter!" Da sprang der Bock, ohne
sich zu besinnen[3], hinab. Als er nun seinen Durst
10 gelöscht hatte, fragte er den Fuchs: „Wie wollen
wir aber wieder herauskommen?" Da sagte der
Fuchs: „Oh, das werde ich schon machen. Stelle
dich auf deine Hinterbeine, stemme die
Vorderbeine gegen die Wand und mache deinen
15 Hals lang. Dann werde ich über deinen Rücken
und deine Hörner auf den Rand des Brunnens
klettern und auch dir heraushelfen." Der Bock
tat, wie ihm befohlen war, streckte sich aus und
der Fuchs kletterte auf seine Hörner und sprang
20 von dort mit einem gewaltigen Satz auf den
Brunnenrand. Dort blieb er, tanzte vor Freuden
und verhöhnte[4] den Bock. Der aber machte ihm
Vorwürfe, dass er den Vertrag nicht eingehalten hätte.
Da sagte der Fuchs: „Oh, Bock, wenn du so viel Gedanken im
25 Kopfe hättest wie Haare im Bart, so wärst du nicht
hinuntergestiegen, ohne vorher zu untersuchen, wie du wieder
herauskönntest."

---

[1] *töricht:* einfältig, dumm
[2] *verhehlen:* verschweigen, verheimlichen
[3] *sich besinnen:* überlegen, nachdenken
[4] *verhöhnen:* verspotten, auslachen

2 Ordne jedem Tier Eigenschaften zu und schreibe sie in die Tabelle.

durstig   betrügerisch   dumm   eigennützig

einfältig   eitel   falsch   gierig   groß   hinterlistig

folgsam   klein   leichtgläubig   mutig

schadenfroh   hungrig   schlau   schüchtern

stolz   töricht   unehrlich   vertrauensselig

3 Trage in die Tabelle die Zeilenzahl ein, in der ein Hinweis auf die jeweilige Eigenschaft zu finden ist.

Bock	Zeile	Fuchs	Zeile
dumm	8 f.	betrügerisch	5 f.

Äsop

Der Fuchs und der Esel

Ein Esel warf einmal eine Löwenhaut über sich, lustwandelte[1]
mit stolzen Schritten im Wald und schrie sein „Iah!" aus vollen
Kräften, um die anderen Tiere in Schrecken zu versetzen. Alle
erschraken, nur der Fuchs nicht. Dieser trat keck[2] vor ihn hin und
5 höhnte[3] ihn: „Mein Lieber, auch ich würde vor dir erschrecken,
wenn ich dich nicht an deinem ‚Iah!' erkannt hätte. Ein Esel bist
und bleibst du!"

1 Erzähle einer Mitschülerin oder einem Mitschüler mit eigenen
Worten die Geschichte vom Fuchs und dem Esel.

_____

_____

_____

_____

_____

[1] *lustwandeln:* spazieren gehen
[2] *keck:* munter, unbefangen
[3] *höhnen:* böse sprechen, spotten

1 Lies die beiden folgenden Texte.

Das schaffe ich ja doch nicht!

Noch acht Wochen bis zu den Zeugnissen! Die Noten von Lena
und Jan waren in der letzten Zeit immer schlechter geworden.
Nun haben sie die Befürchtung, dass sie nicht versetzt werden.
Lena sagt sich: „Das schaffe ich ja doch nicht! Acht Wochen sind
5 doch viel zu kurz, um noch etwas zu ändern." Ab jetzt lernt Lena
nicht mehr, nicht für Tests und auch nicht für Klassenarbeiten.
Und im Unterricht schaut sie lieber aus dem Fenster, als sich zu
beteiligen.
Peter sagt sich: „Acht Wochen noch! Da muss ich mich ab sofort
10 aber richtig doll anstrengen, damit ich die Versetzung noch
schaffe!" Gleich am nächsten Tag fragt er seine Lehrerinnen und
Lehrer, was er nachholen und lernen muss. Jeden Nachmittag
nimmt er sich Zeit, um etwas für die Schule zu tun. Im Unterricht
hört er konzentriert zu und beteiligt sich gut und regelmäßig. Am
15 Ende des Schuljahres wird er belohnt: Er hat die Versetzung ge-
schafft.

Äsop
Die beiden Frösche

Zwei Frösche, deren Tümpel[1] die heiße Sommersonne
ausgetrocknet hatte, gingen auf die Wanderschaft. Gegen Abend
kamen sie in die Kammer eines Bauernhofs und fanden dort eine
große Schüssel Milch vor, die zum Abrahmen[2] aufgestellt worden
5 war. Sie hüpften sogleich hinein und ließen es sich schmecken.
Als sie ihren Durst gestillt hatten und wieder ins Freie wollten,
konnten sie es nicht: Die glatte Wand der Schüssel war nicht zu
bezwingen und sie rutschten immer wieder in die Milch zurück.

---

[1] *Tümpel:* kleiner Teich
[2] *abrahmen:* Milch wird stehen gelassen, es setzt sich Sahne ab, die abgeschöpft
wird.

Viele Stunden mühten sie sich nun vergeblich ab und ihre
10 Schenkel wurden allmählich immer matter. Da quakte der eine
Frosch: „Alles Strampeln ist umsonst, das Schicksal ist gegen uns,
ich geb's auf!" Er machte keine Bewegung mehr, glitt auf den
Boden des Gefäßes und ertrank. Sein Gefährte aber kämpfte
verzweifelt weiter bis tief in die Nacht hinein. Da fühlte er den
15 ersten festen Butterbrocken[3] unter seinen Füßen, er stieß sich mit
letzter Kraft ab und war im Freien.

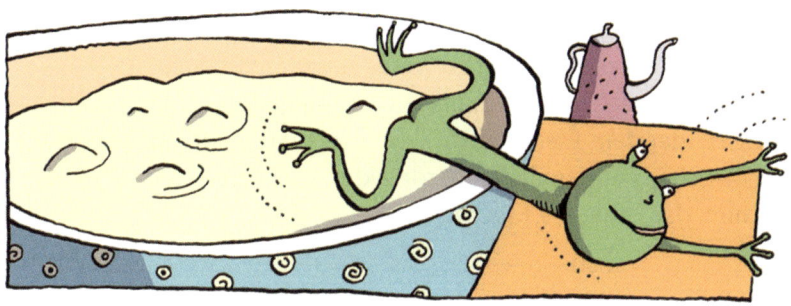

2 Ein Lehrer möchte eine Schülerin oder einen Schüler besonders
motivieren. Welche der beiden Geschichten sollte er erzählen?
Begründe deine Wahl.

_____

_____

_____

_____

_____

_____

[3] _Butterbrocken:_ Wenn Sahne lange geschlagen wird, bildet sich erst Schlagsahne,
dann Butter.

Wer war Äsop?

Ist dir aufgefallen, dass fast alle Fabeln, die du hier bisher
gelesen hast, von Äsop stammen? Wer war dieser Mann?
Er lebte vor mehr als 2000 Jahren in Griechenland und gilt als
der „Erfinder" der Fabel. Es heißt, er hätte viele Jahre als Sklave
5 leben müssen. Da er das schreckliche Dasein der Sklaven nicht
kritisieren durfte, erzählte er den Menschen Geschichten von
Streit und Ungerechtigkeit, von Geldgier und Mordlust. Um über
menschliche Schwächen oder Fehler reden zu können, ohne von
seinem „Besitzer" bestraft zu werden, wählte er dazu als
10 Hauptfiguren Tiere. Die Zuhörer wussten genau, wer mit dem
Fuchs oder dem Esel gemeint war. Äsop verteidigte immer die
Schwachen, Armen und Unterdrückten und verurteilte unter dem
Schutz der Fabel die Mächtigen.

1 Kreuze die vier richtigen Aussagen aus dem Text an.

Fabeln wurden erfunden, weil …

☐ der Sklave gern Geschichten erzählt hat.

☐ der Sklave das sagen wollte, was er sich sonst nicht getraut
hätte.

☐ der Sklave das sagte, was die Herrscher hören wollten.

☐ der Sklave das sagen wollte, was ihm am Herzen lag.

☐ der Sklave seine Meinung sagen wollte.

☐ der Sklave gern lustige Masken trug.

☐ der Sklave so über menschliche Schwächen humorvoll
erzählen konnte.

☐ der Sklave dem Herrscher schmeicheln wollte.

nach Hans Sachs

Der Fuchs und die Katze

Ein Fuchs war auf dem Weg zu einer Gänseherde. Hunger trieb ihn an, er wollte sich eine der Gänse schnappen. Unterwegs begegnete ihm eine Katze, die ebenfalls auf Futtersuche war. „Wie kommst du an deine Nahrung und wie entgehst du den
5 Gefahren, die dir drohen?", fragte der Fuchs die Katze. „Hast du besondere Kunststücke gelernt?"
„Nein", antwortete die Katze. „Von Natur aus kann ich nur springen und mich schnell bewegen. Darüber hinaus habe ich keine Künste gelernt."
10 „Dann wirst du schon bald tot sein", antwortete der Fuchs. „Wer in der heutigen Zeit überleben will, muss viele Künste beherrschen, so wie ich. Um erfolgreich bei der Jagd zu sein und meinen Feinden zu entgehen, habe ich 100 Kunststücke gelernt."
Da sagte die Katze: „Wir müssen uns schützen. Ich sehe einen
15 Jäger aus dem Wald kommen. Er trägt ein Gewehr und hat zwei Hunde bei sich."
„Vor denen fürchtest du dich?", fragte der Fuchs herablassend.
„Wenn du mehr gelernt hättest, bräuchtest du jetzt nicht so ängstlich zu sein."
20 Der Jäger entdeckte die beiden und ließ seine Hunde von der Leine los. Fuchs und Katze liefen eilig davon. Die Hunde kamen näher und die Katze kletterte auf den nächsten Baum. Der Fuchs versuchte wegzulaufen, doch die Hunde waren schneller als er und ergriffen ihn. Vom Baum herab rief ihm die Katze zu: „Lieber
25 Fuchs, mein Freund, wann werden wir uns wiedersehen?"
„Das kann ich dir noch nicht sagen", antwortete der Fuchs.
„Vielleicht treffen wir uns beim Kürschner[1] wieder."

[1] Ein Kürschner macht aus Tierfellen Kleidung und andere Fellprodukte.

1 Der Fuchs verhält sich der Katze gegenüber „herablassend".
Nenne mindestens ein anderes Wort, das fast dasselbe meint.

_____

2 Der Fuchs gibt damit an, dass er 100 Kunststücke gelernt hätte.
Der Katze genügt nur eines, um ihr Fell zu retten. Was kann sie
besonders gut?

_____

_____

3 Wer ist hier klüger: der Fuchs oder die Katze?

_____

_____

4 Folgende Tiere kommen häufig in Fabeln vor. Welche würdest du
als geeignete Paare zusammenfügen, wenn ihr in der Klasse
gemeinsam Fabeln schreiben wolltet?

Wolf   _Igel_   _Ente_   _Bär_   _Ziege_

Elefant   _Lamm_   _Maus_   _Löwe_   _Stier_

stark	schwach
Pferd	_Esel_

5 Sind diese Tiere wirklich stark oder schwach? Klug oder dumm? Sprecht mit euren Mitschülerinnen und Mitschülern darüber.

_____

_____

6 Denkt euch selbst Fabeln aus. Einigt euch auf zwei gegensätzliche Tiere.

_____

a Fragt euch:

– Wo sind die Tiere?

_____

– Was machen sie?

_____

– Worüber reden sie?

_____

– Welche Lehre möchtet ihr vermitteln?

_____

b Sprichwörter können helfen. Aus ihnen können Fabeln entstehen. Hier drei Beispiele, die euch anregen könnten:

Wer anderen eine Grube gräbt, fällt selbst hinein.

Die wahren Freunde erkennt man oft erst in der Not.

Lügen haben kurze Beine.

Wer war Jean de La Fontaine?

Auch Jean de La Fontaine ist bekannt für seine Fabeln. Er ist ein
französischer Schriftsteller, der vor etwa 400 Jahren lebte. Häufig
nahm er Fabeln von Äsop als Vorbild und schrieb sie so um, dass
sie sprachlich in seine Zeit passten.
Sprache verändert sich nämlich. Texte aus dem Mittelalter zum
Beispiel würden uns heute teils unverständlich oder seltsam
vorkommen. Deshalb passen wir sie an unsere heutige Sprache an.
Hier folgen nun zwei weitere Fabeln mit dem Fuchs als
„Hauptperson".

Jean de La Fontaine

Der Fuchs und der Storch

Eines Tages hatte der Fuchs den Storch zum Mittagessen
eingeladen. Es gab nur eine Suppe, die der Fuchs seinem Gast
auf einem Teller vorsetzte. Von dem flachen Teller aber konnte
der Storch mit seinem langen Schnabel nichts aufnehmen. Der
5 listige Fuchs indessen schlappte alles in einem Augenblick weg.
Der Storch war vom Fuchs um sein Essen betrogen worden und
sann auf Rache. Nach einiger Zeit lud er seinerseits den Fuchs
zum Essen ein. Der immer hungrige Fuchs sagte freudig zu.
Gierig stellte er sich zur abgemachten Stunde ein. Lieblich stieg
10 ihm der Duft des Bratens in die Nase. Der Storch hatte das Fleisch
aber in kleine Stücke geschnitten und brachte es auf den Tisch in
einem Gefäß mit langem Halse und enger Öffnung. Er selbst
konnte mit seinem Schnabel leicht hineinlangen. Aber die
Schnauze des Fuchses passte nicht hinein. Er musste hungrig
15 wieder abziehen. Beschämt, mit eingezogenem Schwanz und
hängenden Ohren schlich er nach Hause.

1 Der Storch, der die Suppe mit seinem langen Schnabel nicht vom flachen Teller aufnehmen kann, denkt darüber nach, wie er sich am Fuchs rächen könnte. Was tut er?

_____

_____

2 Das Sprichwort „Wie du mir, so ich dir" passt zu dieser Geschichte. Erkläre, warum.

_____

_____

_____

Jean de La Fontaine

Der Fuchs und der Hahn

Ein Hahn saß auf einem hohen Gartenzaun und kündete mit lautem Krähen den neuen Tag an. Ein Fuchs schlich um den Zaun herum und blickte verlangend zu dem fetten Hahn empor.
„Einen schönen guten Morgen", grüßte der Fuchs freundlich,
5 „welch ein herrlicher Tag ist heute!"
Der Hahn erschrak, als er seinen Todfeind erblickte, und klammerte sich ängstlich fest.
„Brüderchen, warum bist du böse mit mir? Lass uns doch endlich Frieden schließen und unseren Streit begraben." Der Hahn
10 schwieg noch immer.
„Weißt du denn nicht", säuselte[1] der Fuchs mit sanfter Stimme, „dass der König der Tiere den Frieden ausgerufen hat? Er hat mich als seinen Boten ins Land geschickt. Komm schnell zu mir herunter, wir wollen unsere Versöhnung mit einem Bruderkuss
15 besiegeln. Aber beeile dich, ich habe noch vielen anderen diese freudige Nachricht zu bringen."

[1] _säuseln:_ sanft und einschmeichelnd reden

Der Hahn schluckte seine Furcht hinunter und sagte sich: „Diesem verlogenen Gauner[2] komme ich nur mit seinen eigenen Waffen bei[3]." Und mit gespielter Freude rief er: „Mein lieber Freund, ich

20 bin tief gerührt, dass auch du des Königs Friedensbotschaft verbreitest. Ja, lass uns Frieden schließen. Es trifft sich gut, denn gerade sehe ich zwei andere Boten auf uns zueilen. Wir wollen auf sie warten und gemeinsam das glückliche Fest feiern. Du kennst sie recht gut, es sind die Wachhunde des Gutsherrn[4]."

25 Kaum hatte der Fuchs diese Kunde[5] vernommen, war er aufgesprungen und eiligst davongerannt.

„He, warte doch!", krähte der Hahn hinter ihm her. „Ich habe noch sehr viel zu tun", keuchte der Fuchs aus der Ferne, „ich hole mir den Friedenskuss ein andermal von dir. Du kannst dich darauf

30 verlassen." Der Hahn freute sich, dass ihm die List[6] gelungen war. Der Fuchs aber war verärgert. Er hatte alles so klug eingefädelt und just[7] in diesem Augenblick mussten seine ärgsten[8] Feinde auftauchen und alles verderben.

Aber, wo blieben sie denn?

35 Der Fuchs verlangsamte seine Schritte und blickte sich um. Niemand folgte ihm, auch hatte er kein Bellen gehört. Sollte dieser alte Hahn ihn reingelegt haben? Ausgerechnet so ein aufgeplusterter[9], dummer Hahn?

[2] *Gauner:* Betrüger, Dieb
[3] *jemandem mit seinen eigenen Waffen beikommen:* jemanden mit dessen eigenen Mitteln und Methoden besiegen
[4] *Gutsherr:* Besitzer eines Landguts
[5] *Kunde:* Nachricht
[6] *List:* geschickte Täuschung
[7] *just:* gerade
[8] *arg:* schlimm, böse
[9] *aufgeplustert:* sich wichtig machend

1 In diesen beiden Fabeln (Seite 26–28) ist der Fuchs am Ende nicht mehr derjenige, der die anderen überlistet und verspottet. Vielleicht waren zu Lebzeiten La Fontaines die Herrschenden (dargestellt im Fuchs) nicht mehr so mächtig wie zu Zeiten von Äsop? Schreibe auf, wie es dem Hahn gelingt, den Fuchs reinzulegen.

_____

_____

_____

_____

Jean de La Fontaine

Die Hündin und ihre Freundin

Eine Hündin lebte sorglos und zufrieden in ihrer großen und gemütlichen Hundehütte. Da kam eines Tages ihre Freundin zu ihr und klagte: „Ich werde demnächst Junge bekommen und besitze nichts, womit ich sie schützen könnte. Sei du so gut und stell' mir
5 deine Hütte zur Verfügung, damit ich in Ruhe und Sicherheit meine Kinder gebären kann. Sobald dies geschehen ist, werde ich die Hütte räumen, so dass du wieder allein darin wohnen kannst."
Unserer Hündin tat ihre Freundin leid und deshalb ging sie auf
10 deren Wunsch ein. Kurze Zeit darauf kam die Freundin nieder und brachte mehrere Junge zur Welt. Als die Hündin sie nun bat, ihre Hütte wieder zu verlassen, jammerte die Freundin: „Sieh, wie klein und hilflos meine Welpen sind. Hab ein Herz und erlaube mir, noch hierzubleiben, bis sie größer und selbstständiger
15 geworden sind." Wieder hatte die Hündin Mitleid und willigte ein. Als sie einige Zeit später wieder zu ihrer Hütte kam, wurde sie von einer ganzen Hundemeute angeknurrt. Die Jungen waren inzwischen groß und stark geworden und zusammen mit ihrer Mutter vertrieben sie die rechtmäßige Besitzerin von ihrer Hütte.

1 Welche Lehre ziehst du aus dieser Fabel? Kreuze den Satz an, der es am besten trifft, und begründe deine Wahl:

☐ Es lohnt sich nicht, freundlich und hilfsbereit zu sein.

☐ Wer anderen seine Hütte gibt, bleibt obdachlos zurück.

☐ Es ist wichtig, auch mit Freunden klare Absprachen zu treffen.

☐ Gib den kleinen Finger und die ganze Hand wird genommen.

☐ Die Kinder sind so frech wie ihre Mutter.

☐ Undankbarkeit ist eine schlechte Eigenschaft.

☐ Man sollte Gutmütigkeit nicht ausnutzen.

2 „Gib den kleinen Finger und die ganze Hand wird genommen" ist eine bekannte Redensart. Schreibe eine Geschichte, die zu dieser Redensart passen würde. Dabei sollte es um dich gehen, wie du gutmütig einem Freund hilfst und er dich ausnutzt.

_____

_____

_____

_____

Jean de La Fontaine

Der irdene und der eiserne Topf

Ein irdener und ein eiserner Topf standen nebeneinander am Herd und langweilten sich. Da sagte der eiserne Topf: „Lass uns aufbrechen und eine Reise machen. Dabei können wir viel Interessantes erleben."

5 „Für mich wäre das eine zu große Gefahr", antwortete der Tontopf. „Du bist stark und aus hartem Eisen, ich aber bin schwach und zerbrechlich. Wenn mir etwas zustößt, zerfalle ich in tausend Scherben."

„Ach komm doch mit", drängte der eiserne Topf. „Wann immer

10 dir eine Gefahr droht und dir jemand entgegenkommt, werde ich mich zwischen euch stellen und dich beschützen."

Da ließ der Tontopf sich überreden und die beiden machten sich gemeinsam auf den Weg. Bald erreichten sie eine schöne Gegend, doch der Pfad, der durch sie hindurchführte, war

15 holperig und steinig. Da stolperte auch der eiserne Topf immer wieder. An einer abschüssigen Stelle rammte er den irdenen Topf, der sich unmittelbar neben ihm hielt, so dass dieser zersprang und nur noch Scherben von ihm übrig blieben.

1 Was unterscheidet diese Fabel von den anderen Fabeln, die du hier gelesen hast?

_____

_____

_____

2 Welche Lehre kannst du aus dieser Fabel ziehen?

_____

_____

Max und Paul

Die beiden Brüder Max und Paul spielen zusammen. Max wird es
langweilig, da sein kleiner Bruder keine eigenen Spielideen hat.
Er fordert Paul auf, „Klingelputz" mit ihm zu machen.
Dabei muss man bei anderen Leuten auf die Türklingel drücken
5 und wenn sich jemand meldet, sollte man ganz schnell
wegrennen.
Paul hat Angst, denn er mag nichts Unrechtes tun. Außerdem hat
er kurze Beine und kann nicht so schnell rennen wie sein älterer
Bruder. Trotzdem macht er mit, damit er nicht als Feigling
10 dasteht. Als ein Mann, bei dem sie klingeln, ärgerlich hinter
ihnen herrennt, erwischt er Paul, während Max entkommen kann.
Der Mann bringt Paul zu dessen Eltern, von denen er eine Strafe
bekommt.

1 Ist dies auch eine Fabel? Begründe deine Antwort.

_____

_____

_____

_____

Vor etwas mehr als 300 Jahren schrieb auch ein bekannter deutscher Schriftsteller Fabeln, um damit Kritik an den herrschenden Zuständen und der Ungerechtigkeit zu äußern. Sein Name ist Gotthold Ephraim Lessing.

Gotthold Ephraim Lessing

Der Hamster und die Ameise

„Ihr armseligen Ameisen", sagte ein Hamster. Verlohnt es sich der Mühe, dass ihr den ganzen Sommer arbeitet, um ein so Weniges einzusammeln? Wenn ihr meinen Vorrat sehen solltet!"
„Höre", antwortete eine Ameise, „wenn er größer ist, als du ihn brauchst, so ist es schon recht, dass die Menschen dir nachgraben, deine Scheuern[1] ausleeren und dich deinen räuberischen Geiz mit dem Leben büßen lassen!"

1 Heute gibt es Hamster als Haustiere, in der Fabel aber geht es um einen frei lebenden Feldhamster. Viele gibt es in Deutschland nicht mehr. Früher galten sie als Schädlinge und wurden umgebracht, heute werden sie geschützt. Was verbindet Ameisen und Hamster?

_____

_____

_____

2 Worin unterscheidet sich das Handeln des Hamsters von dem der Ameisen?

_____

_____

[1] *Scheuern:* Vorratsspeicher

Gotthold Ephraim Lessing

Die junge Schwalbe

„Was macht ihr da?", fragte eine junge Schwalbe die
geschäftigen Ameisen.
„Wir sammeln Vorrat für den Winter", war die Antwort.
„Das ist klug", sagte die Schwalbe, „das will ich auch tun."
5 Und gleich fing sie an, eine Menge toter Spinnen und Fliegen in
ihr Nest zu tragen.
„Aber wozu?", fragte endlich ihre Mutter.
„Wozu? Das ist Vorrat für den bösen Winter, liebe Mutter.
Sammle doch auch! Die Ameisen haben mich diese Vorsicht
10 gelehrt."
„Lass nur die Ameisen!", versetzte die Mutter. „Uns Schwalben
hat die Natur ein schöneres Los bereitet. Wenn der reiche
Sommer sich wendet, dann ziehen wir fort von hier."

1 Wer ist nun klüger, die Ameisen oder die Schwalben-Mutter?
Oder sind beide klug? Begründe deine Antwort.

2 Welche Lehre kann man aus dieser Fabel ziehen?

Gotthold Ephraim Lessing

Der junge und der alte Hirsch

Ein Hirsch, den die gütige Natur Jahrhunderte hat leben lassen,
sagte einst zu einem seiner Enkel: „Ich kann mich der Zeit noch
sehr wohl erinnern, da der Mensch das donnernde Feuerrohr[1]
noch nicht erfunden hatte."

5 „Welche glückliche Zeit muss das für unser Geschlecht gewesen
sein!", seufzte der Enkel.

„Du schließest zu geschwind!", sagte der alte Hirsch. „Die Zeit
war anders, aber nicht besser. Der Mensch hatte da, anstatt des
Feuerrohrs, Pfeile und Bogen, und wir waren ebenso schlimm

10 daran als jetzt."

1 Wie in der Fabel zuvor geht es auch hier um Alt und Jung,
darum, erfahren oder unerfahren zu sein. Was will der alte
Hirsch seinem Enkel sagen?

_____

_____

_____

_____

2 Hast du bemerkt, dass in den drei Fabeln von Lessing etwas
fehlt? Als ein Kennzeichen der Fabel gilt auch der typische
Aufbau: Situationsbeschreibung – Gespräch – Lehre.
Was fehlt also?

_____

_____

[1] *donnerndes Feuerrohr:* Gewehr

Vor etwa 150 Jahren lebte Wilhelm Busch, ein sehr vielseitiger Mensch. Er war humorvoll und er konnte nicht nur dichten, sondern auch zeichnen. Man nennt ihn den „Urvater des modernen Comics". Kennst du die Geschichten von Max und Moritz?

Wilhelm Busch

Der Fuchs und der Igel

Ganz unverhofft an einem Hügel
sind sich begegnet Fuchs und Igel.
„Halt", rief der Fuchs, „du Bösewicht!
Kennst du des Königs Order nicht?
5 Ist nicht der Friede längst verkündigt,
und weißt du nicht, dass jeder sündigt,
der immer noch gerüstet geht?
Im Namen seiner Majestät,
geh her und übergib dein Fell."
10 Der Igel sprach: „Nur nicht so schnell.
Lass dir erst deine Zähne brechen,
dann wollen wir uns weiter sprechen!"
Und alsogleich macht er sich rund,
schließt seinen dichten Stachelbund
15 und trotzt getrost der ganzen Welt,
bewaffnet, doch als Friedensheld.

1 Wie nennt man das verwendete Reimschema?

_____

2 Schreibe diese Fabel in der üblichen Form (Fließtext ohne Reim) in dein Heft.

3 Erkläre, weshalb der Igel ein „Friedensheld" ist.

1 Lies die Fabel. Unterstreiche die Tiere, die darin vorkommen.

Wilhelm Busch

Die Teilung

Es hat einmal, so wird gesagt,
Der Löwe mit dem Wolf gejagt.
Da haben sie vereint erlegt
Ein Wildschwein, stark und gut gepflegt.

5 Doch als es ans Verteilen ging,
Dünkt das dem Wolf ein misslich[1] Ding.

Der Löwe sprach: Was grübelst du?
Glaubst du, es geht nicht redlich[2] zu?
Dort kommt der Fuchs, der mag entscheiden,
10 Was jedem zukommt von uns beiden.

Gut, sagt der Wolf, dem solch ein Freund
Als Richter gar nicht übel[3] scheint.

Der Löwe winkt dem Fuchs sogleich:
Herr Doktor, das ist was für Euch.
15 Hier dieses jüngst erlegte Schwein,
Bedenkt es wohl, ist mein und sein.
Ich fasst' es vorn, er griff es hinten;
Jetzt teilt es uns, doch ohne Finten[4].

Der Fuchs war ein Jurist vom Fach.
20 Sehr einfach, spricht er, liegt die Sach.
Das Vorderteil, ob viel, ob wenig,
Erhält mit Fug und Recht[5] der König.
Dir aber, Vetter Isegrim,
Gebührt das Hinterteil. Da, nimm!

[1] *misslich:* unangenehm
[2] *redlich:* ehrlich, zuverlässig
[3] *übel:* schlecht
[4] *Finte:* Vorwand, Täuschung
[5] *mit Fug und Recht:* mit voller
  Berechtigung

25 Bei diesem Wort trennt er genau
Das Schwänzlein hinten von der Sau.
Indes der Wolf verschmäht[6] die Beute,
Verneigt sich kurz und geht beiseite.

Fuchs, sprach der Löwe, bleibt bei mir.
30 Von heut an seid Ihr Großwesir[7].

2 Warum redet der Löwe den Fuchs mit „Herr Doktor" an (Seite 37, Zeile 14)? Ist er Arzt oder welchen Beruf soll er bei diesem Streit um die Verteilung der von Wolf und Löwe gejagten Wildsau ausüben?

_____

3 Der Fuchs bezeichnet den Löwen als _____ (Z. 22)

und den Wolf als _____ (Z. 23).

Daran kannst du erkennen, wem er mehr Respekt

entgegenbringt: dem _____ .

4 Lies die beiden letzten Zeilen noch einmal. Will der Löwe in Zukunft mit einem hohen Beamten auf die Jagd gehen oder wie meint er diesen Satz? Erkläre mit eigenen Worten.

_____

_____

_____

[6] _verschmähen:_ ablehnen, zurückweisen
[7] _Großwesir:_ früher höchster Beamter in islamischen Ländern

Wilhelm Busch

Fink und Frosch

Im Apfelbaume pfeift der Fink[1]
sein: pinkepink!
Ein Laubfrosch klettert mühsam nach
bis auf des Baumes Blätterdach
5 und bläht sich auf und quakt: „Ja, ja!
Herr Nachbar, ik bin ock noch da!"

Und wie der Vogel frisch und süß
sein Frühlingslied erklingen ließ,
gleich muss der Frosch in rauen Tönen
10 den Schusterbass dazwischendröhnen.

„Juchheija, heija!", spricht der Fink,
„fort flieg ich flink!"
Und schwingt sich in die Lüfte hoch.

„Wat!", ruft der Frosch, „dat kann ik ock!"
15 Macht einen ungeschickten Satz,
fällt auf den harten Gartenplatz,
ist platt, wie man die Kuchen backt,
und hat für ewig ausgequakt.

Wenn einer, der mit Mühe kaum
20 geklettert ist auf einen Baum,
schon meint, dass er ein Vogel wär,
so irrt sich der.

1 Verstehst du die im Dialekt geschriebenen Sätze? Versuche, sie zu
übersetzen (Zeilen 6 und 14).

2 Wie endet die Geschichte für den Frosch? Unterstreiche die vier
Zeilen im Text.

[1] *Fink:* Vogelart

Marie von Ebner-Eschenbach

Das Blatt

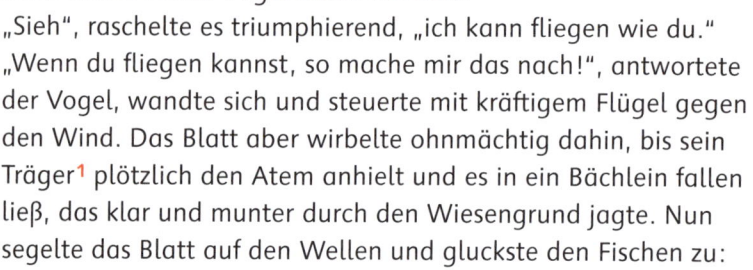

Vom Winde getrieben flog ein welkes
Blatt neben einem Vogel durch die Luft.
„Sieh", raschelte es triumphierend, „ich kann fliegen wie du."
„Wenn du fliegen kannst, so mache mir das nach!", antwortete
5 der Vogel, wandte sich und steuerte mit kräftigem Flügel gegen
den Wind. Das Blatt aber wirbelte ohnmächtig dahin, bis sein
Träger[1] plötzlich den Atem anhielt und es in ein Bächlein fallen
ließ, das klar und munter durch den Wiesengrund jagte. Nun
segelte das Blatt auf den Wellen und gluckste den Fischen zu:
10 „Seht mich an, ich kann schwimmen, wie ihr!" Die stummen
Fische widersprachen ihm nicht; da blähte es sich auf und
meinte: „Das sind anständige Kreaturen[2], die lassen einen doch
gelten[3]!"
Weiter glitt es und merkte nicht, wie es dabei aufquoll und schon
15 faul[4] war durch und durch.

1 In dieser Fabel reden nicht zwei Tiere miteinander, sondern zu

Beginn _____

Im zweiten Teil spricht _____

zu den stummen Fischen.

2 Wie endet diese Fabel?

_____

_____

[1] *Träger:* Hiermit ist der Wind gemeint.
[2] *Kreatur:* Geschöpf
[3] *einen gelten lassen:* jemanden anerkennen
[4] *faul* (hier): verdorben

3 Kann man den Frosch aus der letzten Fabel (Seite 39) und das Blatt vergleichen? Begründe deine Antwort.

_____

_____

_____

4 Welche Lehre kannst du aus den beiden Fabeln ziehen?

_____

_____

Zwei Schlangen

Treffen sich zwei Schlangen. Sagt die eine Schlange zur anderen:
„Du, sag mal, sind wir eigentlich giftig?"
„Wieso willst du das denn wissen?", fragt die andere Schlange.
„Weil ich mir gerade auf die Zunge gebissen habe."

1 Prüfe, ob der Text eine Fabel ist. Ergänze anschließend den Satz.

Der Text ist eine/keine Fabel, weil _____

_____

_____

1 Lies die folgende Fabel.

Friedrich Wolf

Die Befreiten

Ein Fuchs, ein Wolf und ein Dachs waren
einst in eine Fanggrube[1] gefallen. Da sprach
der Fuchs zu dem Dachs: „Stelle du dich
unten hin, dann klettert der Wolf auf deinen
5 Rücken und ich auf den des Reißzahns[2]. So
werden wir uns befreien." So geschah's! Der
Fuchs sprang auf den Rand der Grube,　　　　　*vernünftig* _____
reichte dem Wolf seine Pfote und zog ihn
hinauf. Der Dachs aber wühlte sich schnell
10 einen schrägen Gang nach oben. Nun waren
sie frei.
Da sprach der Wolf: „Auf zu unseren
Peinigern[3], dass wir sie vernichten!" – „Wo
denkst du hin?", entgegnete der Dachs.　　　　　_____
15 „Lass uns erst die Grube zuschütten, dass
unsere Brüder nicht noch in diese Falle　　　　　_____
stürzen!" – „Du bist ein zahmer
Milchschnauzer und Rückwärtstreter!",
grimmte der Wolf. „Und du bist ein blindes　　　　　_____
20 Dampfmaul", schalt[4] der Dachs; aber da
hatten die beiden sich schon am Kragen.
„Hört auf", rief der Fuchs, „dort kommen
die Fallensteller!", und versuchte, beide zu　　　　　_____
trennen, während der Dachs ihn wild in die
25 Pfoten biss. Da kamen die Jäger und
schnürten alle drei mit einer Schlinge
zusammen.

[1] *Fanggrube:* Erdgrube als Falle
[2] *Reißzahn:* Hier ist der Wolf gemeint.
[3] *Peiniger:* jemand, der einen anderen quält
[4] *schelten:* schimpfen

2 Lies die Texte in den Sprechblasen. Fülle die Lücken aus.
Ordne nun die Sprechblasen durch Linien zwei Tieren zu.

Ich bin erst dem _____

und dann dem _____ auf den Rücken

geklettert. Als ich oben war, habe ich den

_____ herausgezogen.

Der _____ und der _____

sind auf meinen Rücken gestiegen und dann hinausgeklettert.
Ich habe mir einen Gang nach oben gewühlt
und bin so entkommen.

3 In der Fabel streiten sich zwei Tiere. Notiere in der Tabelle, wer
sie sind und welche Meinung sie vertreten.

Tier:	Tier:
Meinung: _____	Meinung: _____
_____	_____
_____	_____
_____	_____
_____	_____

4 Unterstreiche im Text auf Seite 42 die wörtliche Rede farbig: vom Fuchs rot, vom Wolf blau und vom Dachs grün.

5 Tiere in Fabeln haben meist bestimmte Eigenschaften.

a Schreibe an den Rand des Textes (Seite 42), welche der folgenden Eigenschaften zu dem sprechenden Tier passen.

vernünftig   streitsüchtig   beleidigt

klug   rachsüchtig   uneigennützig

b Markiere nun die Wörter aus Aufgabe a in der Farbe des sprechenden Tieres.

c Schreibe hinter die markierten Wörter ein Plus (+) zu einer Eigenschaft, die gut ist, und ein Minus (–) zu einer schlechten Eigenschaft.

6 Nun fülle die folgende Tabelle aus.

	Farbe	Eigenschaften	Tier
++	rot	vernünftig	
+–			
––			

1 Lies die folgende Fabel.

Max Bolliger

Der Igel und der Maulwurf

Auf der Suche nach einer Wohnung für den Winter kam ein Igel
an der Höhle eines Maulwurfs vorbei.
„Hättest du nicht noch ein wenig Platz für mich?", fragte der Igel
den Maulwurf.
5 „Er ist ein drolliger[1] Bursche", dachte der Maulwurf.
„Es ist zwar eng bei mir ...", brummte er.
„Das stört mich nicht", sagte der Igel und zog sofort ein.
Am ersten Tag machte er sich dünn und hielt sich so ruhig wie
möglich.
10 Am zweiten Tag aber begann er sich auszubreiten, den ganzen
Tag zu schlafen und dabei auch noch zu schnarchen. Der
Maulwurf drückte sich in eine Ecke und wagte sich kaum noch zu
rühren, um nicht dauernd von den Stacheln des Igels gestochen
zu werden.
15 „Ach, wäre ich mit meiner Einladung doch nicht so voreilig
gewesen", dachte er.
Am dritten Tag nahm er all seinen Mut zusammen. „Mein lieber
Igel", sagte er, „sicher hast du Verständnis dafür, wenn ich dich
bitte, wieder auszuziehen und dir eine eigene Wohnung zu
20 suchen. Die Höhle ist für uns beide zu klein."
Der Igel lachte. „Das mag sein, riesig ist sie nicht, aber wem es
hier nicht gefällt, der soll gehen. Ich bleibe."
Der Maulwurf war sprachlos, aber weil er keine Lust hatte, mit
dem Igel zu streiten, entschloss er sich am vierten Tag, eine neue
25 Höhle zu graben und sich in Zukunft seine Gäste etwas genauer
anzusehen.

[1] *drollig:* lustig

2 Kommt dir die Lehre dieser Fabel bekannt vor? Erinnerst du dich an „Die Hündin und ihre Freundin" von Jean de La Fontaine (Seite 29)?
Was hat die Hündin, der die Hütte gehörte, aus ihrer Erfahrung gelernt? Und was wird der Maulwurf in Zukunft anders machen? Werden sie Freunden misstrauen und niemanden mehr einladen? Das wollten die Verfasser der Fabeln sicher nicht bewirken. Sie wollten den Leserinnen und Lesern mit auf den Weg geben, dass

_____

_____

_____

_____

_____

Wolfdietrich Schnurre

Politik

Eine Gans war über Nacht auf dem Eis festgefroren. Das sah der Fuchs, und er schlich, sich die Schnauze leckend, hinüber. Dicht vor ihr jedoch brach er ein, und es blieb ihm nichts weiter übrig, als sich schwimmend über Wasser zu halten. „Weißt du was", schnaufte er schließlich: „begraben wir unsere Feindschaft, vertragen wir uns."
Die Gans zuckte die Schulter. „Kommt darauf an."
„Ja, aber worauf denn!", keuchte der Fuchs.
„Ob's taut oder friert", sagte die Gans.

1 Der Titel der Fabel ist eher ungewöhnlich. Welche Überschrift würdest du wählen?

_____

2 „Der Fuchs leckt sich die Schnauze." (vgl. Zeile 2). Erkläre, was damit gemeint ist.

_____

_____

_____

3 Was wird mit Fuchs und Gans passieren, wenn es weiterhin eiskalt bleibt?

Sie werden _____

_____

_____

4 Stell dir vor, plötzlich scheint die Sonne und das Eis schmilzt. Was wird dann passieren?

Die Gans wird _____

_____

Der Fuchs wird _____

_____

1 Schau dir die Bildergeschichte genau an. Schreibe zu jedem Bild ein bis zwei Sätze.

Zwei hungrige Esel

Bild 1: _____

_____

Bild 2: _____

_____

Bild 3: _____

_____

Bild 4: _____

_____

2 Schreibe auf, welche Eigenschaften einem Esel oft zugeordnet werden.

_____

3 Überlege, welche Lehre man aus dieser Bildergeschichte ziehen könnte. Schreibe sie auf.

_____

_____

4 Ergänze in Form einer Zeichnung in den leeren Feldern 5 und 6, wie die Esel ihr Problem lösen könnten. Schreibe auch zu deinen Bildern ein bis zwei Sätze.

⑤	⑥

Bild 5: _____

_____

Bild 6: _____

_____

5 Schreibe nun die Fabel zur Bildergeschichte. Nutze dazu deine Sätze zur Bildbeschreibung aus Aufgabe 1.

a Prüfe zunächst, was du ändern musst, um aus deiner Bildbeschreibung eine Fabel zu machen.

b Schreibe deine Fabel in dein Heft.

Clara, Lynn und Anton

Clara, Lynn und Anton fahren Skateboard auf einer wenig
befahrenen Straße. Abwechselnd muss einer der drei an der
Ecke Ausschau nach Autos halten und „Achtung!" rufen, wenn
eines sich nähert. Als Clara Wache steht, macht sie sich einen
5 Spaß daraus, Lynn und Anton auch dann zu warnen, wenn gar
keine Gefahr droht. Nachdem die beiden zweimal auf Clara
hereingefallen sind, üben sie bei der dritten Warnung einfach
weiter auf der Straße ihre Kunststücke und schauen sich genervt
an.
10 Gerade noch rechtzeitig können sie sich retten, als diesmal
tatsächlich ein Auto um die Ecke geschossen kommt. Aber der
Wagen erwischt Antons Skateboard und zerbricht es. Der Fahrer
steigt aus und hält den dreien erbost eine Strafpredigt. Lynn und
Anton sind so wütend auf Clara, dass sie Lynns Skateboard
15 nehmen und gemeinsam davongehen, ohne sie eines Blickes zu
würdigen.

1 Schreibe selbst eine Fabel zu der geschilderten Situation.

a Kreuze an, welches Sprichwort als Lehre zu dieser Situation passt.

☐ Den Letzten beißen die Hunde.

☐ Wer einmal lügt, dem glaubt man nicht, auch wenn er dann
die Wahrheit spricht.

b Entwickle nun deine Fabel, die zu dieser Situation und ihrer Lehre
passt. Beachte dies für deine Fabel:

– Die Hauptfiguren sind Schafe.

– Die drohende Gefahr ist der Wolf.

c Schreibe die Fabel in dein Heft.

1 Schreibe eine Fabel zu folgender Lehre:

Gemeinsamkeit macht stark

a Die handelnden Tiere in deiner Fabel sollen Ameisen und ein
Wildschwein sein. Beantworte zunächst folgende Fragen in
Stichworten:

– Welche Eigenschaften haben die Tiere? Schreibe in die Tabelle.

Tiere	Eigenschaften
Ameisen	
Wildschwein	

– Worüber könnten ein Wildschwein und Ameisen in Streit
geraten sein?

– Wie könnte sich das Wildschwein in dem Streit verhalten?

_____

_____

– Wie könnten die Ameisen auf das Verhalten des Wildschweins
 reagieren? Denke dabei vor allem an die Lehre.

_____

_____

_____

b Überlege dir einen Titel für deine Fabel.

_____

_____

c Schreibe deine Fabel mit der Lehre in dein Heft.

Fabelquiz

Du bist jetzt also eine Expertin oder ein Experte für die Textart Fabel, stimmt's? Das folgende Quiz wird es zeigen.

1 Sind Tiergeschichten immer Fabeln?

_____

_____

2 Nenne fünf Tiere, die häufig in Fabeln vorkommen. Schreibe sie in die Tabelle und ordne ihnen ein Adjektiv zu.

Tier	Eigenschaften

3 Welche schlechten Eigenschaften des Menschen werden in Fabeln durch die handelnden oder sprechenden Tiere kritisiert? Umkreise die Nomen (Substantive) zu diesen Eigenschaften mit deinem Stift.

Geiz   Hunger   Überheblichkeit

Müdigkeit   Falschheit   Spottlust

Armut   Rücksichtslosigkeit   Eitelkeit

Kummer   Habgier   Schadenfreude

4 Was steht am Ende einer Fabel (der Satz vor dem Punkt)?

_____

5 Spielen Ort und Zeit eine Rolle in Fabeln? Begründe deine Antwort.

_____

_____

_____

6 Die Textart Fabel entstand vor mehr als 3000 Jahren. Was war der Grund dafür?

_____

_____

_____

_____

7 Kann man eine Fabel nur dann als eine solche bezeichnen, wenn Tiere darin vorkommen?

_____

_____

8 Ergänze auf den Zeilen das passende Tier. Vergiss den Artikel nicht. Manchmal kannst du auch mehrere Tiere nennen.

listig wie _____

_____

dumm wie _____

_____

fleißig wie _____

_____

schnell wie _____

_____

langsam wie _____

_____

stark wie _____

_____

9 Wie hieß der deutsche Schriftsteller, der nicht nur Fabeln geschrieben, sondern auch Geschichten wie „Max und Moritz" im Stil heutiger Comics verfasst und illustriert hat?

---

10 Stell dir vor, ihr habt mehrere Tage lang Besuch von einer befreundeten Familie. Deren Kind möchte dein Zimmer sehen und stellt sein Gepäck gleich mitten in den Raum. Es wirft sich auf dein Bett und ruft: „Super bequem! Und wo wirst du schlafen?"

Welche Fabel fällt dir dazu ein?

Weitere Ideen

– Fallen dir eigene Fragen ein, mit denen du das Quiz ergänzen könntest? Schreibe sie auf.

– Teste deine Mitschülerinnen und Mitschüler und stelle ihnen Fragen, die sie aus diesem Leseheft „Fabeln" entnehmen können.

– Erzähle einer Mitschülerin oder einem Mitschüler eine der Fabeln aus dem Leseheft, ohne den Titel zu nennen. Wenn sie/ er sich nicht an den Titel erinnert, darf sie/er im Heft blättern und danach suchen.

– Ihr könnt auch dieses Ratespiel miteinander machen: Eine Mitschülerin oder ein Mitschüler malt die Handelnden einer Fabel an die Tafel. Ihr dürft raten, welche Fabel gemeint sein könnte. Im Inhaltsverzeichnis nachsehen ist erlaubt, falls niemand auf die Lösung kommt.

Muttersprache plus

5/6

Leseheft
Fabeln

Lösungen

Illustration: Dorina Tessmann

Cornelsen

Seite 8

1 a Das könnte deine Lösung sein:
Der Wolf liegt verletzt am Boden.
Das Schaf spricht zum Wolf mit sicherem Abstand.
b So sollte deine Antwort lauten:
Wolf: „Wenn du mir nur zu trinken bringst, das Essen will ich mir schon selbst beschaffen." (Z. 4–5)
Schaf: „Wenn ich dir den Trank reiche, wirst du mich als Speise nehmen." (Z. 6)
c So lautet die Lehre aus dem Text:
„Vorsicht vor den Hinterlistigen, die mit Heuchelei zum Ziel kommen wollen." (Z. 7–8)

Seite 9

2 a So sollte deine Lösung lauten:
Das Adjektiv lautet „hinterlistig".
b So sollte deine Lösung lauten:
Diese Person nennt man einen Heuchler.
c So könnte deine Antwort lauten:
Pass auf, wenn dir jemand, dem du nicht vertrauen kannst, einen Vorschlag macht. Du könntest belogen und betrogen werden und am Ende Schaden nehmen.

3 Deine Ergänzung könnte so lauten:
Der Wolf möchte das Schaf auffressen.

4 Deine Ergänzung könnte so lauten:
Dieser Text ist eine Fabel, weil Tiere mit menschlichen Eigenschaften handeln, denken und sprechen und es am Ende eine Lehre gibt.

Seite 10

1 Das könnte deine Lösung sein:
Man könnte die großen Fische als Spötter oder Witzbolde bezeichnen.

2 Das könnte deine Begründung sein:
Es passt zu dieser Fabel, weil anfangs die großen Fische die kleinen Fische auslachen. Am Ende jedoch werden die großen Fische gefangen und die kleinen Fische nicht, weil sie so klein sind, dass sie durch das Netz schlüpfen und fliehen können.

3 Das könnte deine Lösung sein:
groß – klein   dumm – schlau, klug, intelligent
schnell – langsam   stark – schwach

Seite 12

2 So könnte deine Beschreibung lauten:
Eine Fledermaus ist etwa handgroß und braun-schwarz gefärbt. Sie sieht aus wie eine fliegende Maus. Die Flügel haben keine Federn und ihr Körper ist behaart.

3 Das sagt die Fledermaus:
„Aber ich bin doch gar kein Vogel. Und ich kann die Vögel auch nicht leiden. Ich bin doch eine Maus!" (Z. 5–7)

4 Das sagt die Fledermaus beim zweiten Mal:
„Schau her, ich bin doch gar keine Maus und ich kann die Mäuse überhaupt nicht leiden. Ich habe doch Flügel wie ein Vogel!" (Z. 13–15)

5 Das könnte deine Vermutung sein:
Sie könnte sagen: „Du darfst mich nicht fressen, denn ich sehe doch aus wie du. Die Flügel und die Ohren ziehe ich nur an, wenn ich Lust habe, spazieren zu fliegen."

Seite 13

1 a Diese Textstellen solltest du rot markiert haben:
„machte sich … lustig" (Z. 1–2); „verhöhnte" (Z. 2); „erwiderte der
Hase mit einem spöttischen und überlegenen Lächeln" (Z. 6–7);
„der Hase jedoch, im Vertrauen auf seine Füße, legte sich
schlafen" (Z. 11–12)

b Diese Textstellen solltest du grün markiert haben:
„die plumpen Füße und kurzen Beine" (Z. 1); „Trägheit" (Z. 3);
„sagte mit Bedacht" (Z. 3); „ich werde dich doch besiegen"
(Z. 4–5); „begann … sogleich voll Sorge mit ihrem Marsch, denn
sie war sich ihrer Schwerfälligkeit bewusst" (Z. 10–11); „dass die
langsame Schildkröte gesiegt hatte" (Z. 13–14)

Seite 14

2 So könntest du den Hasen und die Schildkröte beschrieben haben:
Der Hase wird als ein Tier beschrieben, das sich zu sehr auf seine
körperlichen Vorteile und Talente verlässt. Auch macht er sich
über andere lustig, die seiner Meinung nach körperliche Nachteile
haben und nicht so talentiert sind wie er. Er verhält sich
großspurig, überheblich und eingebildet.

Die Schildkröte wird als ein Tier beschrieben, das sich seiner
körperlichen Nachteile bewusst ist. Sie weiß, wie sie diese
Nachteile durch Ausdauer und Disziplin ausgleichen kann, und
handelt überlegt und vorausschauend.

3 So könnte deine Erklärung lauten:
Obwohl die Schildkröte plumpe Füße und kurze Beine hat und
von Natur aus träge ist, gewinnt sie, weil sie ihre Schwächen
kennt und diese durch Fleiß ausgleichen kann.

Weil der Hase aber von Natur aus schnell ist, wird er überheblich.
Er verlässt sich zu sehr auf seinen Sieg und deshalb verliert er.

Seite 15

1 Das könnte deine Vermutung sein:
Wenn der Hase gewinnen würde, könnte er vom Igel eine Kiste Möhren bekommen. Wenn der Igel gewinnen würde, könnte der Hase ihm eine Kiste Äpfel schenken.

2 So könnte dein Text lauten:
Am Ende bricht der Hase erschöpft zusammen und muss sich erst einmal ausruhen. Dann sagt er zum Igel: „Gratuliere, du hast die Wette gewonnen. Aber ich glaube, da war Zauberei im Spiel."

3 Das könnte deine Lösung sein:
Die Schildkröte versucht nicht, den Hasen zu überlisten. Sie gewinnt die Wette, weil der Hase zu überheblich ist.

4 So könnte deine Begründung aussehen:
Ja, weil bei beiden Fabeln die Lehre lautet: Sei nicht so eingebildet, denn am Ende könntest du deine Gegner unterschätzen und verlieren.

Seite 16

1 So könnte deine Erklärung aussehen:
Gegen einen starken Feind ist auch ein Schwacher stark, wenn er sich mit anderen einig ist. Die Schwachen bilden gegen den Starken eine Gemeinschaft, gegen die auch der Starke nicht ankommt.

2 So könntest du die Situation beschreiben:
In der Pause sorgt der stärkste Schüler der Klasse immer wieder dafür, dass der einzige Ball zum Fußballspielen benutzt wird, obwohl alle anderen lieber Volleyball spielen würden. Aber niemand traut sich, zu widersprechen. Als sich die Volleyballspieler zusammenschließen und ihre Meinung gemeinsam vertreten, muss der starke Junge nachgeben. Aber es gelingt ihm, die Volleyballer gegeneinander auszuspielen: Sie hätten schlecht voneinander geredet. Die Volleyballer glauben den Gerüchten und geraten darüber in Streit. Es dauert nicht lange, und der starke Schüler bestimmt wieder über das Pausenspiel.

Seite 18

2 und **3** So sollte deine Lösung aussehen:

Bock	Zeile	Fuchs	Zeile
dumm	8 f.	betrügerisch	5 f.
durstig	3	eigennützig	21 f.
einfältig	8 f.	falsch	5 ff.
folgsam	8 f., 17 f.	hinterlistig	5 ff. 12 f.
leichtgläubig	8 f., 17 f.	schadenfoh	21 ff.
töricht	8 f.	schlau	5 ff.
vertrauensselig	4 f.	unehrlich	5 ff.

Seite 19

1 So könnte deine Geschichte lauten:
Ein Esel verkleidet sich als Löwe und geht im Wald umher. Dabei schreit er ganz laut „Iah", weil er die anderen Tiere erschrecken will. Die anderen Tiere haben auch wirklich Angst vor ihm, nur der Fuchs nicht. Der sagt zu ihm: „Weißt du, mein Lieber, wenn ich dich nicht an deinem ‚Iah' erkannt hätte, dann hätte ich mich auch erschreckt. Aber so wusste ich gleich, dass du es bist und kein Löwe, denn Esel bleibt Esel."

Seite 21

2 Das könnte deine Begründung sein:
Der Lehrer sollte der Schülerin oder dem Schüler die Fabel erzählen. So kann er ihr/ihm die Wahrheit über sein Verhalten sagen und die Schülerin/der Schüler kann selbst entscheiden, ob und wie sie/er sich in einem der handelnden Tiere wiederfindet. Lehrer und Schülerin/Schüler haben die Möglichkeit, über Probleme zu sprechen, ohne dass sich jemand angegriffen fühlt.

Seite 22

1 Diese Aussagen solltest du angekreuzt haben:
Fabeln wurden erfunden weil ...
- der Sklave das sagen wollte, was er sich sonst nicht getraut hätte.
- der Sklave das sagen wollte, was ihm am Herzen lag.
- der Sklave seine Meinung sagen wollte.
- der Sklave so über menschliche Schwächen humorvoll erzählen konnte.

Seite 24

1 Das könnte deine Lösung sein:
Worte mit ähnlicher Bedeutung sind: arrogant, eingebildet, hochmütig.

2 Das sollte deine Antwort sein:
Sie kann besonders gut auf Bäume klettern.

3 Das sollte deine Antwort sein:
Die Katze ist hier die Klügere, weil sie die Gefahr besser einschätzen kann.

4 Das könnte deine Lösung sein:

stark	schwach
Pferd	Esel
Wolf	Lamm
Bär	Ziege
Elefant	Maus
Löwe	Ente
Stier	Igel

Seite 25

5 Darüber könntet ihr sprechen:
Manchmal sind die Tiere, die wir für schwach halten, nur körperlich unterlegen. Oft können sie das durch Klugheit ausgleichen. Die körperlich starken Tiere fühlen sich den schwächeren überlegen und unterschätzen sie gerne.

6 Das könnten deine Antworten sein:
Beispiel: Elefant und Maus
a – Sie befinden sich im Zoo.
  – Der Elefant frisst Heu, die Maus sitzt unter dem Heu.
  – Der Elefant droht, die Maus zu töten, wenn sie ihn noch einmal so erschreckt.
  – Eine Hand wäscht die andere.

b **Die Maus und der Elefant**
Ein Zoo-Elefant hat Hunger und frisst Heu aus seinem Futtertrog. Plötzlich raschelt es im Heu und der Elefant entdeckt eine Maus in seinem Futter. Er erschrickt sich fast zu Tode und brüllt die Maus an: „Wenn du mich noch einmal so erschrickst, dann werde ich dich zertreten!"
Die Maus entschuldigt sich und sagt: „Es tut mir leid, ich wollte dich nicht erschrecken. Danke, dass du mir nichts tust."
Eines Tages verliert der Elefant das Gleichgewicht, als er von einem Baum fressen möchte, und fällt in einen tiefen Wassergraben. Er droht zu ertrinken. Die Maus hat das Unglück beobachtet. Sie rennt zu den Büffeln im Nachbargehege und bittet sie, so laut zu brüllen, dass ein Zoowärter kommt. Die Büffel machen eine solchen Krach, dass gleich alle Tierpfleger herbeigerannt kommen. Sie entdecken den Elefanten, der hilflos im Wassergraben eingeklemmt liegt, und ziehen ihn mit vereinten Kräften heraus.

Seite 27

1 Das sollte deine Antwort sein:
Der Storch lädt den Fuchs zum Essen ein und serviert ihm den Braten in einem Gefäß, aus dem der Fuchs nicht essen kann.

2 Das könnte deine Erklärung sein:
Zuerst hat der Fuchs den Storch um sein Essen betrogen, weil er
ihm eine Suppe auf einem flachen Teller servierte und der Storch
sie mit seinem spitzen Schnabel nicht essen konnte. Der Storch
wollte sich rächen und lud den Fuchs auch zum Essen ein. Er
servierte ihm das Fleisch in einem Gefäß mit langer Öffnung, in
das der Fuchs seine Schnauze nicht stecken konnte. So waren sie
am Ende quitt miteinander.

Seite 29

1 Das könnte deine Antwort sein:
Der Fuchs will den Hahn überlisten, er sagt zu ihm, dass auf
Befehl des Königs alle Tiere Frieden miteinander schließen sollen.
Um ihm den Bruderkuss geben zu können, soll er zu ihm vom
Gartenzaun herunterkommen. Der Hahn erkennt die List und
schlägt den Fuchs mit seinen eigenen Waffen. Er behauptet, dass
die Hunde des Gutsherren auf dem Weg zu ihnen seien, um das
Versöhnungsfest mit ihnen zu feiern. Der Fuchs fürchtet die Hunde
und macht sich eilig davon.

Seite 30

1 Das könnte deine Antwort sein:
Gib den kleinen Finger und die ganze Hand wird genommen.
Andere Sätze können auch angekreuzt werden, wenn du es
begründen kannst.

2 So könnte deine Geschichte lauten:
Andi wohnt im Nachbarhaus und wir gehen in die gleiche Klasse.
Wie spielen beide gerne Fußball. Gestern fragten ihn ältere
Schüler nach dem Unterricht, ob er beim Fußballtraining ihren
kranken Torwart ersetzen würde. Begeistert sagte er zu. Er bat
mich, seiner Mutter Bescheid zu sagen.
Heute fragten ihn die älteren Schüler nach dem Unterricht erneut,
ob er mit ihnen Fußball spielen wolle. Zu mir sagte Andi: „Kannst
du meiner Mutter wieder Bescheid sagen? Und nimmst du auch
meine Schultasche mit?"

Ich war traurig und ärgerlich zugleich. Eigentlich wollten wir beide nach der Schule zusammen spielen. Und meine Schultasche ist mir schon schwer genug. Ich bin wirklich enttäuscht von Andi.

Seite 31

1 Das könnte deine Antwort sein:
In dieser Fabel sind nicht Tiere die Handelnden, sondern zwei Töpfe.
Der irdene Topf ist schwach, weil er zerbrechen kann, der eiserne Topf ist der Starke.

2 Das könnte deine Antwort sein:
Lass dich nicht von einem anderen dazu verleiten, etwas zu tun, von dem du weißt, dass es gefährlich oder nicht richtig ist.

Seite 32

1 So könnte deine Begründung lauten:
Nein, bei dieser Geschichte handelt es sich nicht um eine Fabel, weil die Handelnden Menschen und keine Tiere sind. Der Aufbau der Geschichte ist jedoch derselbe wie bei einer Fabel und es gibt auch eine Lehre.

Seite 33

1 So könnte deine Lösung lauten:
Beide sammeln Vorräte für den Winter.

2 So könnte deine Lösung lauten:
Der Hamster hortet (hamstert) mehr Vorräte, als er zum Überleben benötigt.

Seite 34

1 So könnte deine Begründung lauten:
Beide sind klug; sie tun das, was sie tun können, um den Winter zu überleben.
Ameisen können nicht in den Süden fliegen, also müssen sie Vorräte sammeln.

2 So könnte deine Lösung lauten:
Man sollte sich bewusst machen, welche Voraussetzungen man besitzt, um ein erfolgreiches und glückliches Leben führen zu können, und entsprechend dazu Entscheidungen treffen und handeln.

Seite 35

1 Das könnte deine Lösung sein:
Der alte Hirsch will seinem Enkel sagen, dass man nicht glauben sollte, früher sei alles besser gewesen. Es war nur anders.

2 So sollte deine Antwort lauten:
Es fehlt die Situationsbeschreibung. Die Fabeln beginnen mit dem Gespräch.

Seite 36

1 So sollte deine Antwort lauten:
Es handelt sich um einen Paarreim (Schema aabb).

2 So könnte dein Text aussehen:
Der Fuchs und der Igel begegneten sich auf einem Hügel. Der Fuchs rief: „Halt an, du Bösewicht! Hast du nicht den Befehl des Königs gehört, dass alle ihre Waffen ablegen müssen? Im Namen des Königs: Übergib mir sofort dein Fell!"
Da antwortete der Igel: „Nur langsam, mein Lieber. Lass dir zuerst deine Zähne brechen, danach können wir uns weiter unterhalten."
Sodann machte sich der Igel rund und rollte davon.

3 Das könnte deine Erklärung sein:
Der Igel überlistet den Fuchs mit Worten. Da weder er noch der Fuchs ihre Waffen (Stacheln und Zähne) einsetzen, wird der Konflikt durch den Igel friedlich gelöst. Darum ist er ein „Friedensheld".

Seite 37

1 Folgende Tiere solltest du unterstrichen haben:
Löwe, Wolf, Wildschwein, Fuchs.

Seite 38

2 So könnte deine Antwort lauten:
Mit der Anrede „Herr Doktor" will der Löwe dem Fuchs Respekt
erweisen. Er will ihm damit sagen, dass er ihn für so klug hält,
dass er im Streit mit dem Wolf als Richter entscheiden soll, wer
welchen Anteil an der Beute bekommt.

3 So sollte deine Antwort lauten:
Der Fuchs bezeichnet den Löwen als König (Z. 22) und den Wolf
als Vetter Isegrim (Z. 23).
Daran kannst du erkennen, wem er mehr Respekt entgegenbringt:
dem Löwen.

4 Das könnte deine Erklärung sein:
Nein, der Löwe will in Zukunft mit dem Fuchs zusammen auf die
Jagd gehen, weil dieser so klug ist und weil er zu seinen Gunsten
entschieden hat.

Seite 39

1 So sollte deine Übersetzung lauten:
Z. 6: „Herr Nachbar, ich bin auch noch da!"
Z. 14: „Was", ruft der Frosch, „das kann ich auch!"

2 Folgende Zeilen solltest du unterstrichen haben:
Z. 15–18: Der Frosch macht einen ungeschickten Satz (Sprung)
und fällt auf den Boden. Dabei verletzt er sich so sehr, dass er
stirbt.

Seite 40

1 So sollte deine Antwort lauten:
In dieser Fabel reden nicht zwei Tiere miteinander, sondern zu
Beginn redet ein welkes Blatt mit einem Vogel.
Im zweiten Teil spricht das Blatt zu den stummen Fischen.

② So könnte deine Antwort lauten:
Das Blatt schwimmt in einem Bach und saugt sich mit Wasser
voll; bald wird es sich auflösen.

Seite 41

③ So könntest du deine Antwort begründen:
Ja, man kann den Frosch und das Blatt miteinander vergleichen,
denn beide bilden sich ein, etwas zu können, was unmöglich für
sie ist:
Ein Blatt kann nicht aus eigener Kraft fliegen oder schwimmen.
Ein Frosch kann weder singen noch fliegen.

④ So könnte deine Antwort lauten:
Du solltest erkennen, was du dir zutrauen kannst. Versuche nicht
das Unmögliche, nur um den anderen zu imponieren.

① So könnte deine Antwort lauten:
Der Text ist keine Fabel, weil es keine allgemeine moralische
Lehre gibt, obwohl der Text kurz ist und die Tiere wie Menschen
handeln, denken und sprechen.

Seite 43

② So solltest du die Lücken ausgefüllt und zugeordnet haben:
Fuchs: „Ich bin erst dem <u>Dachs</u> und dann dem <u>Wolf</u> auf den
Rücken geklettert. Als ich oben war, habe ich den <u>Wolf</u>
herausgezogen."
Dachs: „Der <u>Fuchs</u> und der <u>Wolf</u> sind auf meinen Rücken
gestiegen und dann hinausgeklettert. Ich habe mir einen Gang
nach oben gewühlt und bin so entkommen."

③ Das solltest du in der Tabelle notiert haben:

Tier: Wolf	Tier: Dachs
Meinung: Am wichtigsten ist Rache.	Meinung: Am wichtigsten ist es, andere vor Unglück zu schützen.

Seite 44

4 Dies solltest du unterstrichen haben:
Fuchs (rot):
- „Stelle du dich unten hin, dann klettert der Wolf auf deinen
Rücken und ich auf den des Reißzahns. So werden wir uns
befreien." (Z. 3–6)
- „Hört auf", [...] „dort kommen die Fallensteller!" (Z. 22–23)

Wolf (blau):
- „Auf zu unseren Peinigern, dass wir sie vernichten!" (Z. 12–13)
- „Du bist ein zahmer Milchschnauzer und Rückwärtstreter!"
(Z. 17–18)

Dachs (grün):
- „Wo denkst du hin?", [...] „Lass uns erst die Grube zuschütten,
dass unsere Brüder nicht noch in diese Falle stürzen!"
(Z. 13–17)
- „Und du bist ein blindes Dampfmaul" (Z. 19–20)

5 a In dieser Reihenfolge solltest du die Eigenschaften an den
Rand des Textes geschrieben haben:
vernünftig, rachsüchtig, uneigennützig, streitsüchtig, beleidigt,
klug

b und c und **6** So sollte deine Tabelle aussehen:

	Farbe	Eigenschaften	Tier
+ +	rot	vernünftig klug	Fuchs
+ –	grün	uneigennützig beleidigt	Dachs
– –	blau	rachsüchtig streitsüchtig	Wolf

Seite 46

2 So könnte deine Antwort lauten:
Sie wollten den Leserinnen und Lesern mit auf den Weg geben,
dass Freundlichkeit und Hilfsbereitschaft positive Eigenschaften
sind, aber man darf sich von anderen nicht ausnutzen lassen.

1 So könnte deine Überschrift lauten:
Der Fuchs und die Gans auf dem Eis

Seite 47

2 Das könnte deine Erklärung sein:
Der Fuchs sieht die Gans in einer hilflosen Lage und glaubt,
sie gleich fressen zu können.

3 So könnte deine Antwort lauten:
Sie werden vermutlich beide erfrieren, wenn es so kalt bleibt.

4 So könnte deine Antwort lauten:
Die Gans wird auf und davon fliegen.
Der Fuchs wird versuchen, die Gans zu fressen.

Seite 48

1 So könntest du die Bilder beschreiben:
Bild 1: Zwei Esel sind mit einem Seil aneinandergebunden.
Jeder sieht auf seiner Seite einen Heuhaufen liegen.
Bild 2: Beide Esel versuchen, von ihrem Heuhaufen zu fressen,
denn sie haben großen Hunger.
Bild 3: Jeder versucht, mit ganzer Kraft an sein Futter zu kommen, aber das Seil ist zu kurz, die Esel schaffen es nicht.
Bild 4: Die Esel setzen sich einander gegenüber und schauen sich
ratlos an.

2 So sollte deine Antwort lauten:
Esel gelten als dumm, stur und störrisch.

Seite 49

③ So könnte deine Lehre lauten:
Oftmals ist es besser, mit anderen zusammenzuarbeiten und
aufeinander Rücksicht zu nehmen, statt den eigenen Kopf und
Willen durchsetzen zu wollen.

④ Individuelle Lösung

⑤ So könnte deine Fabel lauten:

Die zwei törichten Esel

Ein Bauer hatte seine zwei Esel aneinandergebunden, um sie zum
Markt führen zu können. Er ließ sie zwischen zwei frischen
Heuhaufen auf ihn warten. Während die Esel dort standen,
rochen sie das frische Heu. Ein jeder versuchte nun, zu dem
Heuhaufen in seiner Nähe zu gelangen. Doch beide Haufen lagen
weit auseinander und der Strick war nicht lang genug, sodass
keiner der beiden Esel das duftende Futter erreichte. Sosehr sie
auch zogen und zerrten, ausschlugen und ihre Beine in den Boden
stemmten, keiner kam seinem Heuhaufen auch nur ein Stück
näher, denn keiner war stärker als der andere.
Schließlich gaben sie erschöpft auf, setzten sich auf ihre
Hinterbeine und fragten sich: „Wie kann es sein, dass das Mahl
mir so dicht vor Augen steht und ich es nicht erreichen kann?"
Die Fabel zeigt, dass keiner zum Ziel gelangt, wenn jeder nur an
seinen eigenen Erfolg denkt.

Seite 50

1 a Dieses Sprichwort solltest du angekreuzt haben:
Wer einmal lügt, dem glaubt man nicht, auch wenn er dann die Wahrheit spricht.

b So könnte deine Fabel lauten:

Das Schaf und der Wolf

Ein stets hungriger Wolf hatte mehrfach Schaden in einer großen Schafherde angerichtet. Um sich zu schützen, beschlossen die Schafe, eine Wache am Waldesrand aufzustellen, die laut blöken sollte, wenn der Wolf sich näherte.
Eines Tages hatte ein Schaf, das lieber nach saftigen Kräutern gesucht hätte und sich entsetzlich langweilte, Wachdienst. Vor lauter Langeweile dachte es sich: „Ich will mir einen Spaß machen!", und es blökte laut und angsterfüllt.
Sofort rotteten sich die anderen Schafe zusammen und schützten sich gegenseitig. Aber das wachende Schaf lachte schallend, und so merkten die Schafe, dass kein Wolf in der Nähe war.
Kurze Zeit später sah das Schaf die spitzen Ohren des Wolfes zwischen den Bäumen. Laut begann es zu blöken, doch die Schafe der Herde hoben kaum die Köpfe und grasten weiter, weil sie nicht noch einmal auf den Scherz hereinfallen wollten.
So konnte der Wolf am Rande der Herde leicht ein ungeschütztes, zartes Lämmlein erbeuten. Die anderen Schafe aber beachteten von nun an das Schaf, das sie an der Nase herumgeführt hatte, nicht mehr.
Wer einmal lügt, dem glaubt man nicht, auch wenn er dann die Wahrheit spricht.

Seite 51

1 a Diese Eigenschaften könntest du den Tieren zugeordnet haben:

Tiere	Eigenschaften
Ameisen	fleißig, emsig, zuverlässig, flink, einträchtig
Wildschwein	grob, wild, stark, plump

Seite 52

1 b und c So könnte deine Fabel lauten:

Die Ameise und das Wildschwein

Ein Wildschwein wollte einen soeben herabgefallenen Apfel fressen, als es eine Ameise darauf sitzen sah. „Hau ab, wenn dir dein Leben lieb ist!", grunzte das Schwein.
„Die ganze Wiese liegt voller Fallobst. Dieser Apfel aber ist meiner. Ich habe ihn zuerst entdeckt", piepste die Ameise.
Da lachte das Wildschwein laut auf: „Du Winzling, glaubst du, du kannst mit mir diskutieren? Der Apfel gehört dem, der ihn zu fressen versteht!"
Mit diesen Worten schnaubte es einmal kräftig, sodass die Ameise hoch in die Luft flog, und verschlang den Apfel.
Die Ameise aber eilte zu ihrem Bau zurück und klagte ihr Leid ihren Schwestern. Wütend brachen Hunderte und Aberhunderte von Ameisen auf. Sie fanden das Wildschwein schlafend am Wiesenrand, krochen zwischen seine Borsten und bissen zu. Als das Schwein erwachte, war es übersät von unzähligen Ameisen, die es zwickten und zwackten. Quiekend und wehklagend stürmte es über die Wiese und versuchte vergeblich, seine Peiniger abzuschütteln.
Ein Wildschwein kann eine Ameise leicht besiegen. Gegen viele Ameisen jedoch ist es machtlos, denn Gemeinsamkeit macht stark.

Seite 53

1 Das könnte deine Antwort sein:
Nein, Tiergeschichten sind nur dann Fabeln, wenn Tiere wie
Menschen denken, handeln und sprechen und es am Ende eine
Lehre gibt.

2 So könnte deine Tabelle aussehen:

Tier	Eigenschaften
Fuchs	klug, hinterhältig, falsch
Löwe	stark, mächtig, furchtlos
Esel	dumm, störrisch, einfältig
Ameise	fleißig, flink, gewitzt
Schaf	einfältig, leichtgläubig, dumm

Seite 54

3 Folgende Nomen solltest du umkreist haben:
Geiz, Überheblichkeit, Falschheit, Spottlust, Rücksichtslosigkeit,
Eitelkeit, Habgier und Schadenfreude

4 So sollte die Lösung lauten:
Am Ende einer Fabel steht die Lehre.

5 So sollte die Lösung lauten:
Nein, Ort und Zeit spielen keine Rolle, weil die Aussage oder
Lehre allgemeingültig sein soll, egal, wo und wann.

6 So sollte die Lösung lauten:
Ein Sklave namens Äsop durfte nicht die Wahrheit sagen.
Deshalb erfand er die Textart „Fabel", um seine Kritik an den
Herrschenden ungestraft äußern zu können.

Seite 55

7 So sollte die Lösung lauten:
Nein, in manchen Fabeln handeln und sprechen Sachen/Dinge
wie zum Beispiel ein welkes Blatt oder ein eiserner Topf.

8 So könnten deine Ergänzungen aussehen:
listig wie der Fuchs, die Maus, die Katze
dumm wie eine Gans, ein Schaf, eine Ziege
fleißig wie die Ameise, die Biene, das Eichhörnchen
schnell wie der Hase, das Pferd, das Reh
langsam wie die Schildkröte, die Schnecke, der Igel
stark wie der Löwe, der Bär, der Stier

Seite 56

9 So sollte die Lösung lauten:
Der Schriftsteller hieß Wilhelm Busch.

10 So könnte deine Lösung lauten:
Dazu fallen mir die Fabel „Die Hündin und ihre Freundin" oder
auch die Fabel „Der Igel und der Maulwurf" ein.